# MARIA,
# A MÃE DE JESUS

3ª edição

**Conheça nosso site**

◎ @editoraquadrante
♪ @editoraquadrante
▶ @quadranteeditora
f Quadrante

São Paulo
2023

Copyright © Quadrante Editora

Capa
Provazi Design

**Dados Internacionais de Catalogação na Publicação (CIP)**

Faus, Francisco
 Maria, a Mãe de Jesus / Francisco Faus — 3ª ed. — São Paulo: Quadrante, 2023.

 ISBN: 978-85-7465-572-7

 1. Mariologia 2. Teologia cristã I. Título

CDD-232.91

**Índice para catálogo sistemático:**
1. Mariologia : Teologia cristã 232.91

Todos os direitos reservados a
**QUADRANTE EDITORA**
Rua Bernardo da Veiga, 47 - Tel.: 3873-2270
CEP 01252-020 - São Paulo - SP
www.quadrante.com.br / atendimento@quadrante.com.br

# SUMÁRIO

MARIA NA PERSPECTIVA DE DEUS......... 5

A VOCAÇÃO PARA A MATERNIDADE DIVINA...................................................... 25

A MÃE DO REDENTOR............................... 49

O CORAÇÃO DE MARIA ............................ 79

# MARIA NA PERSPECTIVA DE DEUS

*Um testamento de Cristo*

Faltam apenas alguns minutos para que Cristo, no alto da Cruz, entregue a sua alma ao Pai. Seu olhar inclina-se para baixo e busca primeiro os olhos de sua Mãe; depois, desvia-se para João, o discípulo amado. Os seus lábios esforçam-se por articular umas poucas palavras. Jesus está exausto, agonizante, mas quer falar. A sua voz enfraquecida esforça-se por dizer exatamente o que o Filho de Deus, naquele momento em que se consuma a Redenção dos homens, está querendo dizer.

*Vendo Jesus a sua Mãe e junto dela o discípulo que ele amava, disse à sua Mãe: Mulher, eis aí o teu filho. Depois disse ao discípulo: Eis aí a tua Mãe. E, desta hora em diante, o discípulo a levou para sua casa* (Jo 19, 26-27).

É da maior importância perceber o que Cristo, nessa hora, realmente *quis* afirmar. O seu pensamento humano tinha toda a lucidez do pensamento divino; e, por sua vez, essas derradeiras palavras, pouco antes de morrer, possuíam a força de uma mensagem precisa, que devia ficar gravada sem equívocos, pois expressava uma «última vontade» de Deus feito homem. Qual foi, portanto, o sentido dessa dupla afirmação: «Eis a tua Mãe» e «eis o teu filho»?

Para o compreendermos com exatidão, pode ser conveniente que pensemos primeiro naquilo que Jesus não disse. Poderia, por exemplo, ter pedido a João:

«Cuida da minha Mãe, toma conta dela». Mas não o disse, e seria pouco explicável que a sua intenção se polarizasse apenas nisso — o cuidado material da Mãe —, tendo em conta que Maria, conforme sabemos pelo Evangelho, tinha perto dela parentes próximos, que eventualmente a podiam atender, e nos consta que em parte já o estavam fazendo (cf. Mc 3, 31).

Também não teria sido lógico que, com as palavras «Eis aí o teu filho», quisesse colocar o discípulo sob o amparo de uma nova mãe adotiva, Maria. É bem conhecido, pelo Evangelho, que o discípulo amado tinha a mãe viva, Salomé, que esta era uma das santas mulheres que fielmente seguiam Jesus (cf. Mc 15, 40-41), e que, além disso, zelava maternalmente, até exageradamente, pelos seus filhos Tiago e João, ao ponto de ter pedido a Cristo que lhes concedesse os primeiros lugares no seu Reino (cf. Mt 20, 20ss).

Fica excluído, por isso, que na sua última hora Jesus tenha pretendido resolver apenas, ou principalmente, problemas relativos ao futuro da Mãe ou do discípulo. Resta então uma só hipótese, a que se depreende das palavras de Jesus, tal como João — que escreve no Evangelho as suas recordações vividas — as compreendeu.

João era, na agonia de Jesus, o único discípulo que se encontrava ao pé da Cruz. E é precisamente com essa palavra — «discípulo» — que se designa a si mesmo. Entende que a sua condição de discípulo de Jesus vale mais do que o seu nome e a sua ascendência. Naquele momento, com efeito, ele era acima de tudo «o discípulo», aquele que encarnava e, por assim dizer, representava todos os discípulos, mais ainda, todos os homens resgatados na Cruz pelo divino Mestre e chamados a segui-Lo.

Sendo assim, a *intenção* de Cristo torna-se transparente. Está proclamando uma nova e sobrenatural maternidade, atribuída por Deus a Maria sobre todos os chamados a ser discípulos do Redentor. É a clara expressão da Vontade de Deus, que confere a Maria — dentro dos planos da Salvação — uma maternidade de ordem espiritual sobre todos os homens e, especialmente, sobre aqueles que, por serem «discípulos», têm em Jesus, o Filho de Maria, o *Primogênito entre muitos irmãos* (Rm 8, 29).

Toda a vinculação da alma cristã com Maria se resume, assim, nos laços de uma relação filial: «Eis a tua Mãe». Ora, a filiação — como a maternidade — é um vínculo real e também, inseparavelmente, um sentimento; e o sentimento, mais do que a razão, atinge o coração, aquelas fibras secretas e íntimas da afetividade que a razão só muito a custo consegue penetrar.

Tendo a devoção a Maria — o amor filial a Maria — raízes fundas e próprias no coração dos cristãos, é natural que extravase com frequência naqueles modos e «razões do coração» que — como dizia Pascal — «a razão não conhece». E é também explicável que esse amor filial, ao desabrochar ao ritmo pouco esquematizado do afeto, se expresse em transbordamentos cordiais e detalhes espontâneos, que façam estremecer os moldes mentais um tanto geométricos do pensamento racionalista. Seria muito difícil chegar a ter autêntico acesso a uma mãe pela via do raciocínio filosófico ou da lógica estreita e bem comportada.

Sem dúvida é por isso — melhor, por não ter compreendido isso — que alguns se escandalizam com o que julgam «exageros» católicos da devoção a Maria. Quem é que não conta no seu histórico com a lembrança de uma conversa — talvez de uma discussão — com um amigo protestante de boa fé, que recriminava à Igreja Católica os «absurdos» da devoção a Maria? — Vocês, os católicos, fazem da devoção a Nossa Senhora uma idolatria; será que não percebem que esse culto a Maria chega a ser uma verdadeira superstição? Até parece que colocam Maria num plano de igualdade ou mesmo acima de Cristo, esquecendo-se de que só Ele é o Salvador, o único Mediador entre Deus e os homens...

Vez por outra, todos tivemos de tentar esclarecer invectivas deste tipo. Na realidade, a única coisa que essas censuras pretendem afirmar é que a Igreja Católica, com a devoção a Maria — santuários, rezas, velas, procissões, imagens em todas as igrejas, nos lares, etc. — se teria afastado da pureza do Evangelho, introduzindo no cristianismo uma excrescência espúria, ou no mínimo um exagero supersticioso, que toldaria, se não desvirtuaria, a autenticidade evangélica da fé cristã.

É possível que, ao surgirem essas questões, nos tenhamos esforçado por aduzir as nossas razões em favor da devoção a Maria. Se eram apenas razões pessoais, mal fundamentadas, pouco peso podiam ter. Na realidade, o que afinal importa não é o que nós, católicos ou protestantes, possamos pensar ou dizer particularmente a respeito da Mãe de Jesus. O que é absolutamente decisivo é o que *Deus* pensa e diz de Maria. Estas páginas pretendem ser, sobretudo, uma escuta atenta e serena precisamente disso: que nos diz Deus sobre Maria? O que é que Ele afirma sobre o papel de Maria na salvação dos homens?

Uma vez colocado assim o problema, é natural que se levante uma pergunta: como é que nós podemos sabê-lo? Se Deus não tivesse falado, certamente não o poderíamos. Acontece, porém, que Deus falou. Se há um ponto de absoluta coincidência entre todos os cristãos, católicos ou não, é que a Bíblia contém a palavra de Deus, e que essa palavra se tornou plena na Palavra — no Verbo — que se fez carne, isto é, em Jesus Cristo e no seu Evangelho. É nele, portanto, que deve ser buscada e achada a resposta, antes de mais nada. Qualquer esclarecimento válido deve mergulhar aí as suas raízes e deduzir daí as suas conclusões.

## *Deus fala de Maria*

É um fato que o Evangelho fala relativamente pouco da Mãe de Jesus. Os textos mais extensos circunscrevem-se, principalmente, à concepção, nascimento e infância de Cristo. No entanto, se o Evangelho fala pouco, ao mesmo tempo *diz muito*.

Não acompanharemos aqui passo a passo todos os «evangelhos de Maria». Debruçar-nos-emos apenas sobre alguns textos evangélicos, guiados pelo desejo de captar o que acima se mencionava: que nos diz Deus de Maria? O que é que Ele pensa e quer dela? Simultaneamente, guiar-nos-á o propósito de verificar se a devoção a Maria, tal como a vivem os fiéis católicos, está em sintonia com a vontade de Deus. Para este fim, parece-nos especialmente esclarecedor, como ponto de partida, meditar a narração de São Lucas sobre a Visitação de Maria a sua prima Santa Isabel.

Quando Maria se encaminhou à casa de Isabel, ainda soavam nos seus ouvidos e no seu coração os ecos da mensagem da Anunciação. No seu seio, o Verbo — a segunda Pessoa da Santíssima Trindade — já se fizera carne. Ela era mãe e, em seu corpo virginal, trazia Deus feito homem, formava-lhe um corpo.

Por uma alusão incidental do Anjo Gabriel na Anunciação, Maria tomou conhecimento de que *também Isabel, tua parenta, concebeu um filho na sua velhice; e este é o sexto mês daquela que se dizia estéril* (Lc 1, 36).

A sua reação imediata foi pensar que Isabel precisaria de ajuda. E é por isso que vai sem demora oferecer o seu auxílio à prima idosa, que se preparava para a primeira experiência da maternidade: *Levantando-se Maria, foi com pressa às montanhas, a uma cidade de Judá. Entrou em casa de Zacarias e saudou Isabel* (Lc 1, 39-40).

Até aqui, o Evangelho apresenta uma cena de delicada caridade. Mas, a partir desse momento da narrativa, a cena familiar do encontro das duas mulheres eleva-se a um plano diverso, ganhando uma significação inesperada. Deus intervém. São Lucas descreve o que se passou com os acentos do imprevisto: «Aconteceu», diz. Passou-se algo que não era esperado. *Aconteceu que, apenas Isabel ouviu a saudação de Maria, o menino saltou no seu ventre e Isabel ficou repleta do Espírito Santo. Exclamou ela em alta voz e disse...* (Lc 1, 41-42).

Não há a menor dúvida de que o Evangelho mostra neste texto que Deus vai falar por boca de Isabel. Vai falar como o fizera pelos Profetas, cheios do Espírito Santo; e todos sabemos que a voz dos Profetas era a voz de Deus: *Deus falou outrora muitas vezes e de muitos modos aos nossos pais pelos Profetas* — assim começa a Epístola aos Hebreus (1, 1). Agora dispõe-se a falar de novo.

Pensando bem, o que é que seria lógico esperar dos lábios de Isabel, quando o Espírito Santo a invade — a ela e ao filho que traz nas entranhas —, inundando-a da alegria de receber em sua casa o Salvador de que Maria é portadora, o Messias esperado por séculos e séculos a fio, o próprio Deus habitando entre os homens?

Em princípio, seria razoável esperar que, perante um fato de tal transcendência, Isabel — movida pelo Espírito Santo — entoasse um cântico de adoração e de agradecimento ao Deus, Senhor de céus e terra, que se dignava chegar a sua casa. Diante da presença do Deus vivo, tudo se obscurece, todas as criaturas passam a um segundo plano, como sombras que, quando muito, refletem tenuemente os raios do Sol divino.

Certamente Isabel louva o seu Senhor e exulta nEle em alegre agradecimento. Mas a verdade é que *todas as palavras* que pronuncia são — do começo ao fim — um louvor e uma glorificação de Maria. É Deus quem fala por ela — precisamos repisá-lo —, e em consequência essas palavras inspiradas expressam o que Deus nosso Senhor «pensa» e «quer dizer» daquela que escolheu como Mãe.

Prestemos atenção ao texto do Evangelho: [...] *Isabel ficou repleta do Espírito*

*Santo. Exclamou ela em alta voz e disse: Bendita és tu entre as mulheres e bendito é o fruto do teu ventre. Donde me é dado que a mãe do meu Senhor venha ter comigo? Porque logo que a voz da tua saudação chegou aos meus ouvidos, o menino saltou de alegria no meu ventre. Bem-aventurada a que acreditou, porque se hão de cumprir as coisas que da parte do Senhor lhe foram ditas* (Lc 1, 41-45). Cada palavra, cada frase, tem um peso.

Se acompanharmos o ritmo das expressões de Isabel, na sua sequência linear, perceberemos logo que começam com um louvor a Maria, que identifica a Virgem com a mulher abençoada por Deus de uma forma única entre todas as mulheres; e que se segue um louvor a Cristo, mas a Cristo contemplado através de Maria, precisamente como filho dela: «bendito o fruto do teu ventre». Esta é a primeira palavra que Deus profere sobre Nossa Senhora por intermédio de Isabel.

Lê-se a seguir uma segunda frase, cujo significado é este: a proximidade de Maria, a presença e a conversa com a Virgem, é um bem, é uma bênção para a alma a quem Ela se chega. «Donde me é dado que a mãe do meu Senhor venha ter comigo?» Isabel sente-se beneficiada por um dom imerecido. Não se limita a agradecer à sua parenta a atenção que está tendo com ela; se se sente honrada, para além de todo o merecimento, é porque recebeu a visita da «Mãe do meu Senhor». É isto justamente o que a comove: que, diante dos seus olhos, está a Mãe de Deus, e a Mãe de Deus é portadora das bênçãos do céu.

Esta referência emocionada de Isabel ao dom, ao benefício recebido pela visita da Mãe do seu Senhor, torna-se ainda mais explícita e clara nas palavras que profere a seguir, com a fluência de um cântico:

«Porque logo que a voz da tua saudação chegou aos meus ouvidos, o menino saltou de alegria no meu ventre».

Só entenderemos cabalmente esta frase se não esquecermos que, pouco antes, São Lucas já se referira a um duplo efeito — um duplo dom — produzido pelas palavras de «saudação» proferidas por Maria: por um lado, a alegria sobrenatural de João Batista, que saltou no seio de sua mãe; por outro, a efusão do Espírito Santo na alma de Isabel. É da maior importância perceber que esse duplo dom, conforme diz o Evangelho, tenha sido concedido por Deus em virtude da presença de Maria.

O texto, com efeito, expressa uma autêntica relação de *causalidade* entre a chegada de Maria, a voz de Maria, e os dons divinos derramados na alma de Isabel e do seu filho. Tudo aconteceu «apenas Isabel ouviu a voz de Maria», «logo que a tua saudação chegou aos meus ouvidos», e aconteceu «por isso». Aqui não se está falando de sentimentos ou de reações emocionais subjetivas — do estado psicológico provocado humanamente pela visita de Maria —, mas de uma iniciativa divina, de uma ação direta de Deus sobre Isabel — «ficou repleta do Espírito Santo» —, que o Evangelho vincula a Maria como causa instrumental. Deus agiu por intermédio dEla.

Também encerram uma grande riqueza as últimas palavras pronunciadas por Isabel. Trata-se de um novo louvor: «Bem-aventurada a que acreditou, porque se hão de cumprir as coisas que da parte do Senhor lhe foram ditas». Se esta frase não se encontrasse no Evangelho, provavelmente acharíamos excessivo o que ela diz. Surpreendentemente, Isabel — Deus por ela — afirma sem ambiguidades que «as coisas que da parte do Senhor foram ditas a Maria» se cumprirão *porque* Ela acreditou.

Ora, o que é que são essas coisas ditas da parte do Senhor, senão as que pouco antes o Anjo Gabriel anunciara à Virgem? *Darás à luz um filho [...], será grande, será chamado Filho do Altíssimo [...], reinará sobre a casa de Jacó eternamente, e o seu Reino não terá fim* (Lc 1, 31-32). Sem dúvida, as «coisas que foram ditas» são, nem mais nem menos, o plano divino da Redenção da humanidade através da Encarnação, Morte e Ressurreição de Jesus Cristo.

Então, também é fora de dúvida que Isabel afirma que este plano se há de cumprir *porque* Maria acreditou, isto é, porque abraçou com fé e confiança plenas o convite de Deus para ser a Mãe do Redentor. Isto significa que Deus, em seus desígnios imperscrutáveis, *quis fazer depender a Redenção da humanidade, de algum modo, da colaboração de Maria*. Por outras palavras, Deus quis *contar* com a Virgem Santíssima, não como simples instrumento passivo, mas como parte ativa e colaboradora livre da obra da Redenção.

Estas considerações simples abrem-nos desde já como que uma janela, através da qual podemos contemplar o mistério de Maria a partir da perspectiva de Deus, e, simultaneamente, permitem-nos avaliar — segundo a mesma perspectiva — o sentido da devoção que o povo cristão dedica a Maria Santíssima. Na verdade, esses «pensamentos» de Deus são verdadeiros focos de luz, que iluminam por dentro os mistérios da vida e da vocação de Nossa Senhora.

# A VOCAÇÃO PARA A MATERNIDADE DIVINA

*A cheia de graça*

O louvor que o Espírito Santo inspirou a Isabel — «Bendita és tu entre as mulheres...» — vem ecoando ao longo dos séculos nos lábios dos cristãos, todas as vezes que recitam a *Ave-Maria*. Antes, porém, desse louvor, esses mesmos lábios dirigem a Maria outras palavras, que também são de Deus: «Cheia de graça!»

Qual foi a grande «bênção» de Maria Santíssima, aquela que a faz «bendita entre todas as mulheres»? Por que é Ela chamada «cheia de graça»?

No centro do mistério da vida de Maria, encontra-se a sua divina maternidade. Deus a escolheu para ser a Mãe do seu Filho, do Redentor dos homens. Esse é o grande dom com que Deus abençoou a Virgem: a sua vocação de Mãe de Jesus Cristo.

O Evangelho relata que um dia — alegre e esperançado como uma nova alvorada do mundo — Deus quis revelar a Maria essa sua escolha. A narração de São Lucas tem um encanto delicado: o Anjo Gabriel, enviado por Deus à humilde casa de Nazaré, *entrando onde ela estava, disse-lhe: Ave, cheia de graça, o Senhor é contigo.* A Virgem sentiu-se perturbada ao ouvir essas palavras, e o mensageiro do céu a tranquilizou: *Não temas, Maria, pois achaste graça diante de Deus. Eis que conceberás no teu ventre, e darás à luz um filho, a quem porás o nome de Jesus. Este será grande, será chamado Filho do*

*Altíssimo e o Senhor Deus lhe dará o trono de seu pai Davi; reinará sobre a casa de Jacó eternamente, e o seu Reino não terá fim* (Lc 1, 26-33).

Através das palavras do Anjo, descortina-se aos olhos de Maria o plano de Deus a seu respeito. Deus, por assim dizer, manifesta-lhe aquilo que eternamente «sonhara» para Ela. Neste «sonho» da Santíssima Trindade, estava previsto o aparecimento de uma mulher, «cheia de graça», que haveria de surgir no mundo como a aurora da Salvação, a luz de um novo amanhecer que anunciaria e traria aos homens o Sol verdadeiro, o Salvador, que — como diz São João — *ilumina todo o homem que vem a este mundo* (Jo 1, 9).

Já nos primórdios da humanidade, quando o pecado dos nossos primeiros pais cavava um abismo entre o homem e Deus, o Senhor contrapunha ao mal do pecado o seu desígnio de Salvação: um «projeto» amoroso de Deus, fruto da sua infinita misericórdia, para resgatar e reerguer o homem, e atraí-lo de novo a si.

Pois bem, nesse projeto «acalentado» pelo amor eterno de Deus, já desde o começo estava presente Maria. Assim fala Deus à serpente, a Satanás, após a queda original: *Porei inimizades entre ti e a mulher, entre a tua descendência e a dela; esta te esmagará a cabeça* (Gn 3, 15). Com estas palavras, Deus opõe ao Inimigo a imagem futura de uma «mulher» irreconciliavelmente enfrentada com o demônio e o pecado. Nela, Satanás jamais terá parte alguma.

Voltemos à Anunciação. Neste momento, Deus dirige-se a Maria — por intermédio do Anjo — denominando-a, já no começo, «cheia de graça». Tem-se feito notar que, no texto original do Evangelho, o Anjo, para dizer «cheia de graça», emprega uma só palavra (*kekharitoméne*), e que essa palavra tem o valor de um «nome novo» atribuído por Deus à Virgem[1]. Seria como que o nome «verdadeiro» com que o Senhor a designa e define. Para traduzi-lo adequadamente na nossa língua, teríamos que recorrer a perífrases: «a que foi cumulada de graça e mantém essa plenitude», «a que foi feita gratíssima a Deus», «a muito amada por Deus».

Deus Nosso Senhor, cumulando Maria de graça, preparou-a desde o primeiro instante da sua existência para ser a digna Mãe do seu Filho, a nova «Arca da Aliança», toda pura e santa, capaz de acolher em seu seio a santidade infinita de Deus.

Maria foi escolhida e predestinada por um ato do amor eterno de Deus. E o amor de Deus é sempre criador; comunica às

---

[1] João Paulo II, Enc. *Redemptoris Mater*, n. 8.

criaturas a sua bondade, fá-las participar da vida divina, da graça. O amor de Deus por Maria foi único, e a Ela comunicou os seus dons também de modo único: em plenitude. Por isso Ela é a *«cheia de graça»*. Bem podemos dizer que, em toda a história da humanidade — sem mencionarmos a alma de Jesus —, a alma de Maria foi a *única* em que o Amor de Deus agiu plenissimamente e sem o menor entrave. Com toda a razão foi dito, por isso, que Maria é a «obra-prima de Deus»[2].

«Cheia de graça»: este é o seu «verdadeiro nome»[3]. Lê-se numa homilia do Papa Paulo VI: «O aparecimento de Nossa Senhora no mundo (...) foi como o abrir-se sobre a terra, toda coberta da lama do pecado, da mais bela flor que jamais

---

(2) Cf. Josemaria Escrivá, *Amigos de Deus*, Quadrante, São Paulo, 2023, pp. 229ss.

(3) Enc. *Redemptoris Mater*, n. 8.

desabrochou no vasto jardim da humanidade: era o nascimento da criatura humana mais pura, mais perfeita, mais digna da definição que o próprio Deus tinha dado ao homem quando o criou: imagem de Deus, semelhança de Deus. Maria nos restitui a imagem da humanidade perfeita»[4].

Em Maria, tudo é graça. Jamais pairou sobre Ela a sombra, sequer, do pecado. Foi toda de Deus desde o primeiro instante da sua existência, de modo que a sua alma pura não conheceu nem a mancha do pecado original nem mancha alguma de pecado pessoal.

O dogma da Imaculada Conceição de Maria Santíssima outra coisa não fez senão explicitar uma das consequências dessa «plenitude de graça» que não tem no Evangelho restrição alguma de tempo

---

(4) Paulo VI, *Homilia*, 08.09.1964.

nem de momento: «Por uma graça e um privilégio especial de Deus todo-poderoso», reza a definição dogmática de Pio IX, em 8 de dezembro de 1854, «e em atenção aos méritos de Jesus Cristo, Salvador do gênero humano, a bem-aventurada Virgem Maria foi preservada de toda a mancha de pecado original desde o primeiro instante da sua concepção»[5].

Maria Santíssima sabe que Deus fez nEla «coisas grandes», e essas grandezas são motivo para que Ela glorifique a Deus, reconhecendo, com uma humildade cheia de alegria, que *Ele pôs os olhos na baixeza da sua serva* (Lc 1, 48-49). Tudo é puro dom de Deus, e Maria o agradece comovida.

---

(5) Pio XI, Bula *Ineffabilis Deus*, em Denzinger, *Enchiridion Symbolorum*, V. Herder, Friburgo-Barcelona, 1955, n. 1641.

Ora, se tudo é dom de Deus, qual foi a parte de Maria? Ter-se-ia Ela limitado a uma função de receptora passiva de tão grandes graças? A cena evangélica da Anunciação nos dá a resposta a essas perguntas: Maria *correspondeu* à chamada e às graças que a acompanhavam com uma aceitação amorosa e uma entrega total. A semente da graça encontrou na sua alma o solo acolhedor e fértil onde frutificar.

Não esqueçamos que Deus sempre quer contar com a liberdade das criaturas. O anúncio do Anjo a Maria, ao mesmo tempo que desvendava os planos de Deus sobre Ela, tinha o delicado acento de um convite. Maria correspondeu livremente com total fidelidade: *Eis aqui a escrava do Senhor, faça-se em mim segundo a tua palavra* (Lc 1, 38).

Essas palavras — «faça-se», «sim» — mostram-nos maravilhosamente a alma de Maria. Voltada inteiramente para

Deus, Ela é um «sim» perfeito ao Senhor, pronunciado com o coração, com os lábios e com as ações, sem a menor restrição nem limite. Há uma abertura completa da alma a Deus, que permite que o Espírito Santo, o Artista divino, modelador das almas, faça daquela criatura a sua obra perfeita.

Quantas coisas não fez Deus depender do «sim» de Maria! Desse «sim» dependeu o próprio «sonho» divino a respeito de Nossa Senhora. Pela sua fidelidade, Ela foi sempre, exatamente, como Deus a queria; e na sua alma inteiramente disponível à ação da graça divina, arraigaram e cresceram as virtudes que são o fruto maduro da santidade: a fé, a esperança, o amor, a humildade, a fortaleza, a mansidão...

Ao mesmo tempo, do seu «sim» dependeu o «projeto» divino da Redenção. Tão logo Maria disse «faça-se» — com amorosa liberdade —, *o Verbo se fez carne e habitou entre nós* (Jo 1, 14). A partir desse instante — para evocar as palavras do velho Simeão —, graças a Maria, *os nossos olhos viram a salvação* (cf. Lc 2, 30).

Por último, quando Maria disse «sim» na Anunciação, não só começou a ser a Mãe de Deus, como começou a ser a Mãe daqueles a quem Cristo iria infundir a vida sobrenatural, tornando-os seus «irmãos» e membros do seu Corpo (cf. Rm 8, 29 e 1 Cor 12, 27).

Este último aspecto convida-nos a aprofundar um pouco mais no mistério da maternidade de Maria, Mãe de Deus e nossa Mãe.

## *A Virgem-Mãe*

Penetremos, por uns momentos, num lar cristão. A família reunida está rezando. Cadenciadamente, sucedem-se as Ave-Marias do terço, como as notas de um cântico. «Cheia de graça, o Senhor é convosco, bendita sois vós...» E também, como o refrão de uma canção: «Santa Maria, Mãe de Deus...»

Enquanto esses corações tornam a invocar Maria com a exclamação maravilhada de Isabel — «a Mãe do meu Senhor!» —, quase com certeza nem imaginam que, por trás dessa doce expressão — *Mãe de Deus* —, estão latejando os ecos apaixonados da mais antiga manifestação de devoção a Maria de toda a história do cristianismo.

Todo o amor tem horas de paz e horas de sobressalto. Nas horas tranquilas, flui como um rio copioso e manso. Nos momentos em que esse amor é agredido de qualquer forma, o coração «salta», quer para defendê-lo com ardor, quer para externá-lo com paixão.

Foi isto o que sucedeu com o amor por Maria no coração dos cristãos dos primeiros séculos. Já nos alvores do cristianismo, a figura da Mãe de Jesus era uma amável presença no dia a dia dos fiéis. Belo testemunho dessa presença é a imagem mural da Virgem com o Menino, em clara referência à profecia de Isaías sobre a Virgem-Mãe (Is 8, 8; Mt 1, 22-23), desenhada por um devoto «grafiteiro» nas catacumbas de Priscilla, em Roma.

Porém, muito cedo — já a partir dos fins do século I — houve quem tentasse desvirtuar com interpretações heréticas o ensinamento transparente do Evangelho sobre a maternidade de Maria. É verdade que os primeiros ataques foram desferidos diretamente contra o Filho, e só em consequência agrediam a Mãe. Mas é um fato também que a reação dos primeiros cristãos mostrou que, para eles, o amor a Maria estava indissoluvelmente unido ao amor a Jesus Cristo.

Esses ataques começaram através dos «ebionitas», uma seita semicristã de raízes judaicas, que se recusava a admitir que Cristo fosse Filho de Deus, gerado pelo Espírito Santo no seio de uma Virgem. Uma velha heresia, que os racionalismos e os ceticismos de todas as épocas não deixam de desempoeirar.

Para os ebionitas, Jesus teria nascido como qualquer outro homem: fruto da união de um homem e de uma mulher; no caso, de Maria e de José. Portanto, para eles, Cristo não seria de modo algum a segunda pessoa da Santíssima Trindade, que se encarnou «por obra do Espírito Santo» (Mt 1, 18), isto é, não seria Deus verdadeiro, mas apenas um homem. Em consequência, Maria não seria a Virgem Mãe de Deus.

Quase ao mesmo tempo, a literatura cristã dos séculos II e III via-se invadida por uma multidão de escritos de seitas denominadas «gnósticas». Procedentes de ambientes e influências sincretistas — judaísmo, filosofia neoplatônica, etc. —, esses grupos proclamavam praticamente o contrário dos anteriores: negavam a humanidade de Cristo. Nosso Senhor jamais teria sido homem verdadeiro, e por isso a afirmação de São João de que «o Verbo se fez carne» (Jo 1, 14) careceria de sentido real. Tais doutrinas ensinavam que Jesus era um ser exclusivamente espiritual de origem divina — embora distinto de Deus —, o qual teria vindo à terra *através* de uma Mãe Virgem, Maria, mas com um corpo irreal, fictício, aparente, que eles denominavam «corpo psíquico»[6].

É evidente que, ao negar-se a humanidade de Cristo, ficava automaticamente anulada a verdadeira maternidade de

---

(6) Cf. José A. de Aldama, *María en la patrística de los siglos I y II*, BAC, Madri, 1960, pp. 33ss.

Maria. Nossa Senhora não teria formado um Filho em suas entranhas — sangue do seu sangue —, mas teria sido apenas o canal de passagem de um ser espiritual. Como dizia um dos representantes dessas seitas gnósticas, Ptolomeu, Jesus ter-se-ia limitado a «passar por Maria como a água passa por um conduto»[7].

A fé e o amor dos primeiros cristãos estavam atingidos em cheio. E reagiram com força. Em face desses dois erros, os pastores e o povo fiel responderam reafirmando e vincando vigorosamente duas verdades essenciais do mistério de Maria Santíssima: que Ela foi verdadeira Mãe de Cristo; e que não concebeu por obra de varão, mas por obra de Deus, mantendo intacta a sua virgindade.

---

(7) Cf. Aldama, *op. cit.*, p. 47.

Estamos perante as primeiras manifestações coletivas da fé e da piedade marianas. Manifestações que já em fins do século I e no século II ficam plasmadas, esculpidas, com admirável nitidez, nos textos das mais antigas «profissões de fé» — o Credo — das igrejas cristãs: «Creio em Jesus Cristo, Filho de Deus, que nasceu pelo Espírito Santo da Virgem Maria»: *natus est de Spiritu Sanctu ex Maria Virgine*[8].

A fé da Igreja — de todos os fiéis — era assim fixada em formulações cristalinas.

Em primeiro lugar, Cristo é verdadeiro Homem, porque nasceu realmente *de Maria*, *ex Maria Virgine*. Maria é sua Mãe. Já o afirmara São Paulo, escrevendo aos Gálatas: *Quando chegou a plenitude dos tempos, Deus enviou seu Filho, nascido de uma mulher* (Gl 4, 4).

---

(8) Cf. Justo Collantes, *La fe de la Iglesia Católica*, BAC, Madri, 1984, pp. 280-286.

Em segundo lugar, Jesus Cristo é Filho de Deus: nasceu *do Espírito Santo*, e a sua Mãe não concebeu de varão, mas foi Virgem: *de Maria Virgem*. Já no começo do seu Evangelho, São Mateus declara sobriamente: *Maria achou-se tendo concebido do Espírito Santo* (Mt 1, 18).

Mais explicitamente ainda o ensina São Lucas, o evangelista que obteve de Maria as confidências das coisas que Ela «guardava no seu coração» (cf. Lc 2, 51). Quando o Anjo anuncia a Maria que «conceberá em seu seio e dará à luz um Filho», a Virgem responde com um pedido de esclarecimentos: *Como se fará isto, pois eu não conheço varão?* Maria não duvida do que o Anjo lhe anuncia da parte de Deus. Mas precisa de uma explicação sobre «como se fará isso». Estas palavras não teriam sentido algum, se a Virgem tivesse o projeto de realizar com José, com quem «estava desposada», a constituição de uma união matrimonial como qualquer outra. Se Maria as pronunciou, foi porque tinha oferecido a Deus a sua virgindade, e possuía a consciência de que Deus queria e aceitava esse oferecimento para sempre. Por isso, não lhe foi fácil compreender como era possível que o mesmo Deus que a queria Virgem, a quisesse também Mãe. A resposta do Anjo dissipou todas as dúvidas: *O Espírito Santo descerá sobre ti e a virtude do Altíssimo te cobrirá com a sua sombra; por isso, o santo que há de nascer de ti será chamado Filho de Deus* (cf. Lc 1, 31-38). Desde o século I, a fé cristã entendeu que era uma verdade divinamente revelada que Maria foi virgem antes do parto, no parto e depois do parto[9].

Estas são as verdades do Evangelho. Esta é a fé que os nossos irmãos dos

---

(9) Cf. Aldama, *op. cit.*, pp. 81ss.

primeiros séculos abraçavam com toda a sua alma, tal como o haveriam de fazer todos os que fielmente os seguiriam no decorrer da história.

Houve ainda um novo capítulo nessas «reações da fé e do coração». Esse terceiro capítulo desenvolveu-se cerca de dois séculos mais tarde.

Desta vez tratou-se de um teólogo de Antioquia, Nestório, que fora elevado à sede patriarcal de Constantinopla. Um belo dia, começou a pregar alto e bom som contra a maternidade divina de Maria. Dizia Nestório que Maria não deveria ser chamada «Mãe de Deus», mas apenas «Mãe de Cristo». Por quê? Porque o teólogo em questão achava necessário «dividir» Cristo, distinguindo nele duas «personalidades» diferentes, que — segundo afirmava — só estariam justapostas uma à outra: a humana e a divina. Por outras palavras, Cristo seria uma pessoa humana, à qual se teria unido — associado — uma pessoa divina. Conclusão: somente a pessoa humana seria filho de Maria. Com isso, além de desvirtuar o mistério de Cristo, recusava-se a proclamar que Maria é, verdadeiramente, «a Mãe do meu Senhor», a Mãe de Deus.

A reação dos fiéis, hierarquia e povo cristão, não se fez esperar. Brotou com o ímpeto de um incêndio, reafirmando em uníssono a verdade revelada por Deus: Cristo é a segunda Pessoa da Santíssima Trindade que, sem deixar de ser Deus, assumiu nas entranhas virginais de Maria a natureza humana. NEle há *uma só Pessoa*, a divina, e *duas naturezas* distintas — humana e divina — unidas *num só ser pessoal*. Maria é, portanto, verdadeira Mãe de Deus, porque é a Mãe de uma Pessoa que é Deus. Nenhuma mãe é apenas mãe do corpo do filho —

embora só tenha gerado o corpo —, mas é mãe do filho inteiro, de *alguém*, de uma *pessoa* — mãe de João, de Antônio, de Clara... —. Da mesma maneira, Maria é a Mãe de Jesus, que é *uma Pessoa*, uma pessoa divina. Por isso, é verdadeira *Mãe de Deus*.

Esta foi a verdade reafirmada e definida, em 22 de junho de 431, pelo Concílio de Éfeso em que a heresia de Nestório foi condenada. É comovente ler a carta de São Cirilo de Alexandria, que foi a alma desse Concílio, relatando o que aconteceu na cidade de Éfeso nesse dia de verão: ao anoitecer, uma autêntica multidão atirou-se às ruas, depois que os bispos reunidos acabaram de proclamar a verdade da fé e de condenar o herege. Inflamado de entusiasmo, o povo acompanhou os Padres conciliares até os seus domicílios, com tochas acesas e cânticos, aclamando em grandes vozes: *Theotókos, Theotókos!*, o que quer dizer: Mãe de Deus, Mãe de Deus![10]

O amor a Maria arrebatou os corações dos fiéis, esfuziantes de ternura. Os ecos daquela noite memorável em Éfeso não se extinguiram nem se extinguirão jamais. Hoje, como ontem, como sempre, brotará das fibras mais íntimas da alma dos cristãos a alegria de dizer, saboreando-a, essa verdade de fé: «Santa Maria, Mãe de Deus...».

---

(10) São Cirilo de Alexandria, *Epistolae*, XXIV, em Migne, *Patrologia graeca*, 77, 138.

# A MÃE DO REDENTOR

Considerávamos nas páginas anteriores o fato da maternidade divina de Maria: Ela é verdadeira Mãe de Deus. Agora vamos dar mais um passo, adentrando no mistério dessa maternidade e procurando ver o seu alcance, as suas dimensões.

Vimos que Maria não foi meramente receptora passiva das graças e dons de Deus. Foi «chamada» por Deus para ser a Mãe do Seu Filho, e correspondeu ao chamado com um amor livre e uma entrega total. Poderia ter recusado. Não o fez. Pela sua livre e completa correspondência, *quis* ser Mãe. «Jesus nasceu», escreve Guitton, «do consentimento de Maria»[1].

Não há dúvida de que Deus, querendo a resposta livre de Maria, mostrou que desejava *contar* com a sua cooperação para realizar a Redenção da humanidade. O Concílio Vaticano II, na Constituição *Lumen Gentium*, expressa com clareza este desígnio de Deus: «É com razão que os Santos Padres consideram Maria não como um mero instrumento passivo, mas julgam-na cooperando para a salvação humana com livre fé e obediência. Pois Ela, como diz Santo Irineu, "obedecendo, fez-se causa de salvação tanto para si como para todo o gênero humano"»[2].

Esta colaboração de Maria não ficou limitada ao momento do «faça-se», no

---

(1) Jean Guitton, *A Virgem Maria*, Tavares Martins, Porto, 1959, p. 233.

(2) Concílio Vaticano II, Const. *Lumen Gentium*, n. 56.

dia da Anunciação, mas acompanhou todas as etapas da vida e da missão salvadora de Cristo, «desde o momento da sua conceição virginal até o momento da sua morte»[3].

## *A vida oculta de Cristo*

Pensemos, primeiro, na *infância* de Jesus. Foi um período em que Deus confiou o seu Filho inteiramente aos cuidados de Maria. Dela Jesus dependia em tudo, como qualquer criança depende de sua mãe: da sua solicitude, do seu amor, da sua dedicação. Podemos até dizer que, falando humanamente, Jesus Menino subsistia ao amparo da maternidade de Maria. E foi no clima desse amor materno — e do aconchego dado também pelo amor de São José — que o Menino cresceu e se desenvolveu.

---

(3) Const. *Lumen gentium*, n. 57.

Mas, já na infância o papel de Maria vai além dessa dedicação materna. Por acaso já reparamos que foi precisamente a Virgem Santíssima quem, pela primeira vez, manifestou Jesus aos homens como seu Salvador? É um fato. A graça de Cristo em favor dos homens começou a atuar no mundo pelas mãos de Maria. Foi aos pés de Nossa Senhora que desabrochou a fé dos pastores e dos Magos, os primeiros adoradores daquele recém-nascido que, como anunciaram os Anjos na noite de Natal, «é o Cristo, o Senhor» (Lc 2, 11).

Como é significativo que Deus tenha disposto que os primeiros encontros das almas com Jesus ocorressem através da Mãe! Vislumbra-se aí um desígnio divino, que o Evangelho irá explicitando cada vez mais.

Ainda na infância de Cristo, é também Maria — acompanhada por seu esposo castíssimo, São José — quem apresenta Jesus no Templo de Jerusalém, oferecendo-o a Deus Pai. A apresentação do Menino vem a ser como um prenúncio da oferenda definitiva do Filho que Maria irá fazer trinta e três anos depois, ao pé da Cruz. No momento da apresentação, o Espírito Santo já vaticina à Mãe, através das palavras proféticas de Simeão, esta última e radical oferenda: *Uma espada* — uma espada de dor — *transpassará a tua alma* (cf. Lc 2, 22-35).

À infância de Jesus une-se, perfazendo trinta anos, a *vida oculta* no lar de Nazaré. Trinta anos! É a maior parte da vida do Senhor. Um longo período em que Cristo já está a salvar-nos. Porque esse período de vida oculta não foi um compasso de espera, sem relevo nem transcendência. Nesses anos, Jesus, vivendo junto de Maria e de José, estava redimindo a humanidade. Cada um dos seus atos, cada um dos seus gestos tinha infinito valor redentor.

Pois bem, na vida oculta — como causa alegria considerar esta verdade! —, Cristo nos salva justamente cumulando de amor e de sentido divino as pequenas coisas da existência cotidiana: a vida em família, de que a Mãe é o centro; o trabalho na oficina de José; o descanso e as pequenas alegrias e sacrifícios do cotidiano..., enchendo de luz divina o caminho por onde discorre a vida da imensa maioria dos homens[4].

Mas, se prestarmos atenção ao que o Evangelho nos relata sobre a vida oculta, descobriremos ainda algo mais. Como é que o Evangelho resume a *atitude* interior de Jesus ao longo desses trinta anos? De uma maneira muito simples, mas carregada de ensinamentos. São Lucas define com três palavras essa atitude: *Era-lhes submisso* (Lc 2, 51). Quanto não diz esta

---

[4] Cf. Josemaria Escrivá, *É Cristo que passa*, Quadrante, São Paulo, 2023, pp. 14-15.

breve frase! O Filho de Deus, o próprio Deus feito homem, quis passar a maior parte da sua vida *obedecendo* a Maria e a José — numa voluntária e amorosa submissão — e deixando-se guiar por eles.

Sejam quais forem as consequências espirituais que se possam deduzir disto — e são muitas —, basta-nos agora sublinhar duas realidades: por um lado, Jesus Cristo quis ligar, *vincular* estreitamente a maior parte da sua vida terrena à vida de sua Mãe; por outro, decidiu — se nos é permitido falar assim — dar um enorme peso à vontade de sua Mãe, até o ponto de, como dizíamos, ter vivido trinta anos *fazendo-lhe caso*, obedecendo-lhe. Esta disposição de *obediência* de Cristo à Mãe é de grande importância para compreendermos o papel que Deus quis atribuir a Maria.

## A vida pública

A vida oculta de Jesus — envolta na normalidade do cotidiano no lar de Nazaré — teve, contudo, o seu termo. Com a idade de trinta anos, Cristo inicia uma nova etapa, completamente diferente: sai aos campos, às ruas e praças, prega a Boa Nova, faz milagres, rodeia-se de multidões... É a *vida pública*.

Aparentemente, há uma ruptura radical com a sua anterior forma de existência. E também parece quebrar-se de maneira quase completa o encanto vivido no lar de Nazaré. Quem lê o Evangelho depara na vida pública com a ausência quase total de Maria. Teria Ela encerrado a sua missão? Não seria isso o que Jesus já teria insinuado aos doze anos, quando ficou no Templo, separando-se de seus pais? Após três dias de procura aflita, quando Maria e José reencontram o Menino conversando no Templo com os doutores da Lei, a Mãe pergunta-lhe com ansiedade: *Filho, por que procedeste assim conosco?* A resposta parece prenunciar que a futura missão do Messias deverá realizar-se com completa independência da Mãe: *Por que me procuráveis? Não sabíeis que devo ocupar-me nas coisas de meu Pai?* (cf. Lc 2, 41-52). Será que essas palavras excluem a Mãe de Jesus da sua vida pública, quando o Filho de Deus se ocupa plenamente nas coisas de seu Pai?

Todas estas interrogações exigem que prestemos uma particular atenção a tudo o que o Evangelho nos diz sobre Maria ao longo da nova etapa que se abre na vida de Cristo com o seu ministério público.

## Dimensões da maternidade de Maria

Tem-se afirmado com muita frequência que o Evangelho mariano por excelência é o de São Lucas. Nele, com efeito, encontramos a maior parte das informações que possuímos sobre a infância e a vida oculta de Cristo. No entanto, parece que não falta razão aos que, sem diminuírem em nada o valor ímpar das passagens marianas de São Lucas, pensam que é o Evangelho de São João que penetra com maior profundidade no mistério de Maria.

No Evangelho de João, não encontramos nenhuma referência — a não ser muito indireta — às primeiras etapas da vida de Cristo. Após elevar-se, no prólogo, até às alturas da contemplação do mistério de Deus feito homem, João passa logo em seguida a narrar episódios da vida pública do Senhor. Que nos diz acerca de Maria?

Se prestarmos atenção, perceberemos que as contadas referências que João faz à Virgem Santíssima não são, primordialmente, narrações de passagens da «vida de Maria». João focaliza Maria apenas em alguns momentos de grande significação em que Ela está presente *na missão de Jesus*. Descreve esses momentos — esses fatos — no estilo sóbrio e objetivo que caracteriza todos os Evangelhos, mas a sua narração, sem dúvida alguma, vai além dos fatos: capta e transmite-nos uma «mensagem».

Percebe-se, nesses textos do seu Evangelho, que João compreendeu — e quer fazer entender aos seus leitores — a importância atribuída por Deus à colaboração de Maria nas etapas mais decisivas da missão salvadora de Cristo. São aqueles três anos em que Jesus se volta — e é da maior relevância atentar para isto — de *maneira direta e total para os homens* necessitados de salvação: anunciando-lhes que *se completou o tempo e o Reino de Deus está próximo* (Mc 1, 15), atraindo-os para a luz da Verdade e entregando-se na Cruz para o seu resgate.

Duas importantes cenas marianas emolduram, como intensos pontos de luz, o *começo* e o *final* da vida pública de Cristo no Evangelho de São João: o milagre das bodas de Caná, e as palavras dirigidas por Jesus a Maria e ao discípulo amado do alto da Cruz.

Antes de focalizarmos com algum vagar essas cenas, podemos adiantar que é a partir do início da vida pública que vemos desvendar-se com a maior clareza uma especial «dimensão» da maternidade de Maria. Até o fim da vida oculta, essa maternidade concentrava-se primordialmente — quase exclusivamente — no Filho, em Jesus. Mal começa a vida pública, porém, contemplamos essa maternidade alargando-se, abrindo-se para os homens que Jesus veio salvar. Vai-se revelando assim mais plenamente a *maternidade espiritual* de Nossa Senhora em relação a todos e cada um dos homens[5]. As duas passagens-chave de São João, antes citadas, projetam esclarecimentos decisivos sobre esta dimensão da maternidade de Nossa Senhora.

## *Maria em Caná da Galileia*

Quando Jesus, juntamente com sua Mãe, foi convidado às bodas de Caná, era ainda muito recente a vocação dos Apóstolos. Já começavam a acompanhar o Mestre e, conforme o costume da época, foram convidados também para o casamento (cf. Jo 2, 2).

A cena é conhecida. Num dado momento da ruidosa festa campesina, fica faltando vinho. Ninguém o percebe. Ninguém, a não ser Maria. Com delicada intuição, pressente que a alegria dos

---

(5) Enc. *Redemptoris Mater*, n. 21.

esposos pode ficar toldada por uma imprevidência. Maria faz «seu» o problema, assume-o com sensibilidade materna, com um interesse impregnado de coração. E não hesita em falar confiadamente a Jesus: *Não têm vinho*.

As suas palavras não são um simples comentário preocupado, mas encerram um discreto pedido. Assim o entende Jesus, quando lhe responde: *Que importa isso a mim e a ti, mulher? Ainda não chegou a minha hora*.

A nossa lógica bem-comportada subscreveria as palavras de Jesus. Elas têm a aparência de uma compreensível e amável censura a um pedido saído do coração, mas pouco razoável.

Maria, no entanto, não as entende assim. E Ela é quem tem a sintonia mais perfeita com a alma do Filho. Por isso, não duvida em solicitar imediatamente aos que servem: *Fazei tudo o que Ele vos disser*. Mostra saber que será escutada, sem que para isso possa ser obstáculo a dificuldade muito ponderável mencionada por Jesus: «Não chegou a minha hora».

O atendimento de Jesus ao pedido da Mãe não demora. Sob o olhar sorridente de Maria, Cristo manda aos servidores que encham de água seis grandes recipientes de pedra. Ordena-lhes depois que tirem a água já convertida em vinho e a apresentem ao mestre-sala, que não sai do seu assombro por julgar que os donos da festa tinham deixado *o bom vinho guardado até agora*.

A cena termina com um comentário de João: *Este primeiro milagre, fê-lo Jesus em Caná da Galileia, e manifestou a sua glória, e os seus discípulos creram nele* (cf. Jo 2, 1-11).

Falávamos há pouco da «mensagem» encerrada no fato que se acaba de sintetizar. Ela aparece aí de maneira muito clara. É patente que Maria está *ativamente presente* no começo do ministério público de Cristo, e está presente de uma forma central, não marginal. Prestemos atenção:

\* É por intercessão dEla que Cristo *adianta* misteriosamente a «hora» de iniciar os seus milagres, que serão «sinais» (cf. Jo 6, 26) da sua divindade e testemunhos visíveis da veracidade da sua doutrina.

\* É por intercessão dEla que este *primeiro* sinal faz com que os discípulos *creiam* em Jesus.

\* Finalmente, manifesta-se nesse instante a disposição de Jesus de acolher todos os pedidos que, mesmo em coisas pouco relevantes — «não têm vinho» —, cheguem a Ele *por intermédio da solicitude da Mãe*, que se mostra amorosamente atenta às necessidades espirituais e materiais dos homens, seus filhos.

«Maria», comenta a propósito desta cena João Paulo II, «põe-se de permeio entre o seu Filho e os homens na realidade das suas privações, das suas indigências, dos seus sofrimentos. Põe-se de permeio, isto é, *faz de mediadora, não como uma estranha, mas na sua posição de mãe*, consciente de que como tal pode — ou antes, «tem o direito de» — fazer presentes ao seu Filho as necessidades dos homens (...) E não é tudo: como Mãe, deseja também que se manifeste o poder messiânico do Filho, ou seja, o seu poder salvífico que se destina a socorrer as desventuras humanas, a libertar o homem do mal que, sob diversas formas e diversas proporções, faz sentir o peso na sua vida»[6].

Contemplando esta passagem do Evangelho, a imaginação evoca algumas

---

(6) *Ibidem.*

das cenas mais simples da piedade popular, que por vezes escandalizam os «sábios». Como num filme, focalizamos mentalmente os rostos enxutos, requeimados pelo sol do sertão, de um grupo de romeiros que acaba de descer do ônibus na esplanada do Santuário de Aparecida. Os devotos, entrando na basílica, cravam o olhar esperançado no retrato da Mãe, a pequenina imagem de barro escurecido. E, de cada coração, eleva-se uma súplica: pelas necessidades cotidianas, pela saúde, pela volta ao bom caminho do marido, de um filho... «Dai-nos a bênção, ó Mãe querida!» Eles sabem por dentro, têm a certeza, de que — assim como em Caná — a Virgem Santa não deixará de dizer ao Filho: «Não têm...». E o Filho a atenderá, o Filho lhe «obedecerá»... Não é evidente a sintonia existente entre a sincera devoção popular e o Santo Evangelho?

Em Caná, Cristo disse com atos, mais expressivos do que as palavras, que, na realização da sua obra salvadora em favor dos homens, deseja que ocupe um lugar de destaque a *mediação maternal* de sua Mãe. Não era necessário que fosse assim, mas Deus *quis* que assim fosse.

Maria tem verdadeiramente uma função de mediação materna entre Cristo e os homens. Não é certamente uma função autônoma, nem obscurece o fato incontestável de que Jesus Cristo *é* o único Mediador propriamente dito entre Deus e os homens (cf. 1 Tim 2, 5). Mas, mesmo assim, fica em pé a existência de uma autêntica mediação de Maria, subordinada mas entranhadamente unida à mediação de Cristo[7].

A mediação de Maria está nos desígnios de Deus. Não foi imaginada pela

---

(7) Cf. Const. *Lumen gentium*, n. 62.

devoção dos cristãos, em épocas mais ou menos tardias. Pelo contrário, foi sendo *descoberta* pela fé, cada vez com maior profundidade, como um tesouro escondido, o que é muito diferente.

Bem entendia esta verdade São Bernardo, o «trovador da Virgem», quando pregava que Maria é «o aqueduto que, recebendo a plenitude da própria fonte do coração do Pai, no-la faz acessível... Com o mais íntimo, pois, da nossa alma, com todos os afetos do nosso coração e com todos os sentimentos e desejos da nossa vontade, veneremos Maria, porque esta é a vontade daquele Senhor que quis que tudo recebêssemos por Maria»[8].

Antes de concluirmos o comentário às bodas de Caná, detenhamo-nos por uns instantes a olhar outras riquezas dessa cena.

---

(8) São Bernardo, *Sermo in Nativitate B. V. Mariae*, em Migne, *Patrologia latina*, 183, 437, n. 4.7.

Tem sido observado, e com razão, que nessa passagem de Caná se encontram as *únicas palavras* dirigidas por Maria aos homens que o Evangelho registra: «Fazei tudo o que Ele vos disser» (Jo 2, 5). Aí está o sentido da mediação de Maria: levar as almas para Cristo, mover os corações dos homens a aderir à vontade de Cristo e a «fazê-la» de fato: «*tudo* o que Ele vos disser».

Ao mesmo tempo, aí se compreende qual é o eixo da verdadeira devoção a Nossa Senhora, e o teste da sua autenticidade. A autêntica devoção a Maria sempre conduz a Cristo. É função do amor maternal de Maria «gerar» constantemente «irmãos» de seu Filho, que se disponham a viver até às últimas consequências a verdade e a vida que Jesus lhes oferece.

Por isso, a devoção a Maria Santíssima não só não afasta ou desvia as almas da união com Cristo pela fé e pelo amor —

e nisso reside a essência da vida cristã —, mas a facilita sobremaneira, tornando-a mais acessível e mais suave, e também mais eficaz. «A Jesus, sempre se vai e se "volta" por Maria»[9]. «A nossa alma», diz São Luís Maria Grignion de Montfort, «só encontrará Deus em Maria... Só Deus habita nela e, longe de reter uma alma para si, Ela — muito ao contrário — a impele para Deus e a une a Ele»[10].

## *Do alto da Cruz*

Caná é o início da vida pública de Cristo. O sacrifício da Cruz é o seu fecho e a sua culminação. Procuremos agora aproximar-nos do coração de Maria e

---

(9) Josemaria Escrivá, *Caminho*, Quadrante, São Paulo, 2023, n. 495.

(10) *Traité de la vraie dévotion à la Sainte Vierge*, Ed. Secrétariat de Marie Médiatrice, 4ª ed., Lovaina, 1952, cap. I, art. 1.

tentemos captar o que «Maria guardava no coração» naquela hora em que a salvação da humanidade se consumava por meio do sacrifício redentor de Jesus Cristo.

São João descreve a presença de Maria ao pé da Cruz, junto das santas mulheres, com uma palavra cheia de têmpera: *stabat*. Literalmente, significa «estar firme, de pé». Mas o termo indica muito mais do que um simples modo de permanecer. A expressão original empregada pelo Evangelho sugere um conteúdo moral, isto é, que Maria acompanhava o sofrimento do Filho com fortaleza de alma; e que, no seu coração, não só havia inteireza, mas adesão.

Nessa «hora» definitiva, em que o Filho *dá a vida para a salvação de muitos* (Mt 20, 28), a atitude espiritual de Maria é exatamente a mesma que no dia da Anunciação: *fiat*, «faça-se». Adesão incondicional, plena, à vontade de Deus, e concretamente ao plano salvífico que

Cristo está realizando no mundo, plano no qual Ela foi chamada a colaborar da forma mais estreita.

Podemos dizer que o *fiat*, a união com a vontade de Deus — como já mencionávamos anteriormente — é a *alma de Maria*. Aquilo que faz dela a Mãe, no sentido mais profundo, não é apenas nem primariamente o fato de ter gerado fisicamente Jesus, mas de se ter unido perfeitamente à vontade de Deus em cada um dos instantes da vida e da missão do Filho.

Lembremo-nos de que, certo dia, quando uma mulher da multidão louvou em voz alta *o ventre que te trouxe e os peitos que te amamentaram*, Jesus lhe respondeu: *Antes bem-aventurados os que ouvem a palavra de Deus e a põem em prática* (Lc 11, 27-28). Teria com isso desviado de Maria o louvor espontâneo daquela mulher? Não, sem dúvida, pois porventura não foi a Virgem quem melhor ouviu e cumpriu a palavra de Deus?

Com essas palavras, Cristo mostrava de fato qual é a mais profunda razão para louvá-la. Análogo sentido se deve ver no comentário, frio e distante na aparência, feito por Jesus certa vez em que lhe advertiram que sua Mãe acabava de chegar: *Aquele que fizer a vontade de Deus, esse é que é meu irmão, e minha irmã, e minha mãe* (Mc 3, 35).

Ao pé da Cruz, a adesão de Maria à vontade divina atinge o seu cume. A Virgem Santa conhecia bem — como todo o judeu piedoso — as profecias que, de um fundo de séculos, prenunciavam o Messias como «Servo sofredor», que seria levado à morte como manso cordeiro conduzido ao sacrifício: pelas suas chagas, todos nós seríamos curados (cf. Is 53, 1-7). Por isso, ao dizer «faça-se» ao Anjo, Ela aceitara o destino do seu Filho. Quando o apresentou no Templo a Deus Pai — já o lembrávamos antes —, o seu gesto foi uma antecipação do oferecimento definitivo que iria fazer ao pé da Cruz, aceitando a Paixão e a Morte de seu Filho pela nossa salvação; mais ainda, oferecendo voluntariamente — com a alma transpassada de dor e numa completa generosidade — o sacrifício de Jesus por nós, Maria — por amor a Deus e por amor aos homens necessitados de redenção — aceitou morrer de dor, no íntimo da sua alma, juntamente com Cristo. Uniu-se assim ao seu sacrifício redentor e assumiu-o como próprio. Por isso é chamada *Corredentora*.

Foi, de fato, na Cruz que Cristo, dando a sua vida, mereceu para nós a vida divina da graça. O seu holocausto de Amor, por ter um valor infinito — divino —, é uma inesgotável fonte de méritos em favor dos homens. Pois bem, o Salvador quis associar tão intimamente a sua Mãe bendita ao sacrifício da Redenção que a Igreja pode afirmar que Maria mereceu com «mérito de conveniência» — como se diz na linguagem teológica — todas as graças que Jesus nos mereceu por justiça na Cruz[11]. Ela é, também por este título, a «Mãe da divina graça». A vida sobrenatural, que brota copiosamente da Cruz, também é, de alguma maneira, *vida dEla*, vida que recebemos *por Ela*: isso a torna mais profundamente a nossa Mãe.

Convém lembrar ainda que Jesus Cristo, com os seus padecimentos, *pagou* — expiou, satisfez — pelos nossos pecados: *Fostes resgatados* — escreve São Pedro — (...) *pelo precioso sangue de Cristo, como de um cordeiro imaculado e sem mancha* (1 Pe 1, 18-19). A Virgem Imaculada, unindo-se totalmente aos sofrimentos do Filho — com os mesmos *sentimentos de Cristo Jesus* (cf. Fl 2, 5) — aceitou, com amor imenso, *pagar* também Ela com a sua própria dor pelos nossos pecados. Junto da Cruz,

---

(11) Cf. São Pio X, Enc. *Ad diem illum*, 02.02.1904, em *Enchiridion symbolorum*, n. 1978a.

entregou a sua alma, fundida com o sacrifício de Jesus, pela nossa salvação[12].

A dilacerante agonia do seu coração, junto do Crucificado, foi então como que um *novo parto* — desta vez com dor —, através do qual Maria nos deu à luz espiritualmente. Não se trata de uma frase poética, mas de uma inefável realidade: todos e cada um de nós nascemos de Maria naquele momento. Aí, perto da árvore da Cruz, Ela se tornou plenamente a «nova Eva», a nova e verdadeira «mãe dos viventes», como gostava de repetir a piedade mariana dos primeiros séculos[13].

## *Eis o teu filho*

Logo após as palavras pronunciadas por Cristo na Cruz — «eis a tua Mãe», «eis o teu filho» —, conta o Evangelho que

---

(12) Cf. Const. *Lumen gentium*, n. 58.
(13) Cf. Aldama, *op. cit.*, pp. 264ss.

*desta hora em diante, o discípulo a levou para sua casa* (Jo 19, 27).

Esse «discípulo» — já o víamos no começo destas páginas — representava todos os discípulos: os que na altura seguiam Jesus e todos os homens chamados depois a segui-Lo, fazendo parte do Povo de Deus que é a Igreja.

O fato de o discípulo ter assumido ao pé da letra a «filiação» a Maria, «levando-a para sua casa», reflete bem a intenção de Cristo — que João compreendeu — de que a Igreja, a que São Paulo chama *o Corpo de Cristo* (Cl 1, 18), tivesse a sua existência inseparavelmente unida à Mãe de Jesus. Ela é a Mãe da Cabeça deste Corpo — de Cristo —, e é a Mãe dos membros deste Corpo, que somos nós. É a Mãe da Igreja, do «Cristo total», como gostava de dizer Santo Agostinho.

Na mente de Deus, portanto, a Igreja é concebida também como uma família, como um lar que tem uma Mãe. No centro dessa família, pulsa o Coração da Virgem e nela irradia o aconchego da sua maternidade.

É muitíssimo significativo que a Igreja tenha nascido no dia de Pentecostes, quando os discípulos e as santas mulheres estavam reunidos — em união de corações e de preces — *com Maria, a Mãe de Jesus* (At 1, 14). São Lucas, o evangelista que melhor captou o papel de Maria no começo da vida do Redentor, é o mesmo que nos Atos dos Apóstolos sublinha a presença central de Nossa Senhora nos começos da vida da Igreja, mostrando que a Igreja recebeu o Espírito Santo — a sua alma divina — estando aglutinada como uma família em volta da Virgem Santíssima.

# O CORAÇÃO DE MARIA

*No tempo e na eternidade*

Havia de chegar, porém, um dia em que a presença de Maria já não seria visível para os olhos dos seus filhos. Deus a chamou a Si. João, o discípulo-filho por excelência, a vislumbrará então gloriosa — Mãe, sempre Mãe — no céu. Assim descreve a sua visão no livro do Apocalipse: *Depois, apareceu no céu um grande sinal: uma mulher vestida de sol, com a lua debaixo dos pés, e uma coroa de doze estrelas sobre a cabeça. Estava grávida e clamava com dores de parto...* (Ap 12, 1-2).

Adivinha-se nesta imagem celeste a Virgem-Mãe, aquela que víamos associada ao sacrifício de Jesus, dando à luz com dor os filhos de Deus. A visão de São João mostra-nos que, desde que foi glorificada no céu — Rainha coroada de estrelas —, Maria continua a ser Mãe de todos os homens, dos filhos de Deus e irmãos de Jesus Cristo, até o fim dos séculos.

Uma das mais doces verdades da nossa fé é o mistério da Assunção de Nossa Senhora em corpo e alma aos céus. A cheia de graça, a que nunca pecou, não podia ficar sujeita à corrupção da morte, estabelecida por Deus como castigo do pecado. Por isso, a Igreja definiu solenemente — expressando uma verdade que, desde tempos antiquíssimos, era patrimônio da fé do povo cristão — que «a Imaculada Mãe de Deus, sempre Virgem Maria, completado o curso da sua vida terrestre, foi assunta em corpo e alma à glória do Céu»[1].

Eis a consoladora verdade: a nossa Mãe Santa Maria, na glória do céu, está agora junto da Trindade Santíssima *em corpo e alma*. Compreendemos bem o que isto significa? Quer dizer que Maria vive no céu a cuidar de nós, a olhar-nos, a interceder por nós, *com o mesmo coração*, com os mesmos sentimentos e com os mesmos afetos que tinha na terra. Não é um puro espírito. É uma Mãe humana, glorificada, mas *plenamente humana*. Agora, junto de Deus, Ela contempla — na luz da glória divina — todos e cada um dos seus filhos, em todos e cada um dos momentos da sua existência, e *olha por eles*: nas horas de alegria e de dor, nos transes difíceis, nos tempos de solidão,

---

[1] Pio XII, Const. ap. *Munificentissimus Deus*, de 01.11.1950, em *Enchiridion symbolorum*, n. 2333.

nas suas quedas e nos seus reerguimentos... Não há um passo da nossa vida, não há um latejar do nosso coração, que não esteja sendo acompanhado amorosamente pelo Coração humano da nossa Mãe. E não há um passo que não esteja sendo *assumido* — visto e sentido como algo próprio — por esse Coração.

Contemplando este mistério delicado, Mons. Escrivá aponta-nos uma das suas consequências: «Surge assim em nós, de forma espontânea e natural, o desejo de procurarmos a intimidade com a Mãe de Deus, que é também a nossa Mãe; de convivermos com Ela como se convive com uma pessoa viva, já que sobre Ela não triunfou a morte, antes está em corpo e alma junto de Deus Pai, junto de seu Filho, junto do Espírito Santo»[2]. É nesse

---

(2) Josemaria Escrivá, *É Cristo que passa*, n. 142.

clima de intimidade filial que discorre a devoção a Nossa Senhora.

## *A devoção a Maria Santíssima*

O nosso relacionamento, a nossa intimidade com Maria é essencialmente *filial*. O vínculo filiação-maternidade «determina sempre», como lembra a Encíclica *Redemptoris Mater*, «*uma relação única e irrepetível* entre duas pessoas: *da mãe com o filho e do filho com a mãe*»[3]. E a medula desse vínculo, evidentemente, é o amor.

Por isso, só perguntando-nos pelas características que tornam autêntico esse amor é que descobriremos os traços da *verdadeira devoção* a Maria Santíssima. Com isso, perceberemos também melhor *o que Deus quis* que representasse para

---

(3) Enc. *Redemptoris Mater*, n. 45.

nós o imenso dom que nos fez, dando-nos Maria como Mãe.

Comecemos pelos aspectos dessa devoção que se nos impõem de maneira mais imediata. Um cristão que vive de fé sabe que Maria o *ama* e o *auxilia* com carinho de Mãe. Sabe-a voltada maternalmente para ele. É natural que, dessa certeza, flua espontaneamente uma sincera *afeição filial*. «Nada convida tanto ao amor», comenta São Tomás, «como a consciência de sentir-se amado»[4]. A devoção mariana manifesta-se, por isso, em mil expressões, delicadas e fervorosas, de carinho de filho: no tom afetuoso da oração que dirigimos a Ela, na alegria de visitá-la nos lugares onde se quis fazer especialmente presente, nos muitos pormenores íntimos do coração, que o pudor vedaria externar.

---

(4) Cf. São Tomás de Aquino, *Summa contra gentes*, IV, XXIII.

Juntamente com esse afeto filial, e impregnando-o intimamente, brota também espontaneamente um sentimento de profunda *confiança*. «Nunca se ouviu dizer», reza uma bela oração atribuída a São Bernardo, «que algum daqueles que tivesse recorrido à vossa proteção, implorado a vossa assistência, reclamado o vosso socorro, fosse por Vós desamparado».

Esta certeira confiança dos fiéis exprimiu-se num leque multicolorido de invocações marianas, que traduzem a segura experiência do coração cristão: Mãe de misericórdia, Virgem poderosa, Auxílio dos cristãos, Consoladora dos aflitos, Onipotência suplicante... Era essa a confiança que fazia Dante escrever estes preciosos versos: *Donna, se' tanto grande e tanto vali,/ che qual vuol grazia e a te non ricorre,/ sua disianza vuol volar sanz'ali*; «Senhora, és tão grande e tanto podes, que para quem quer graça e a ti não recorre, o seu desejo quer voar sem asas»[5].

Amor e confiança. Trata-se de sentimentos com fortes raízes no coração. Ora é bem sabido que os afetos do coração possuem muitas vezes uma sutil ambivalência: são sentimentos que a custo se equilibram na difícil passarela onde o amor beira sempre o egoísmo. Não é raro que os muito sentimentais sejam também muito egoístas.

Por isso, se a devoção a Maria não estivesse fundamentada nos alicerces da fé — da doutrina — e da caridade, poderia deslizar imperceptivelmente para os declives do egoísmo. Tal coisa aconteceria no caso de uma devoção meramente sentimental — não animada por desejos de entrega e de amor operante — que,

---

(5) Dante Alighieri, *Divina Comédia*, XXXIII, 13-15.

embora cheia de efusões de ternura, não incidisse fortemente na vida para modificá-la. Mais facilmente ainda se daria essa deturpação se a devoção mariana se reduzisse a um simples recurso para alcançar uma «proteção» ou uns «favores» meramente interesseiros.

Esses desvios, contudo, não se darão se o nosso amor filial a Maria entrar, como deve, em sintonia com o seu amor maternal.

Pensemos que o coração da nossa Mãe, «cheia de graça», é uma fornalha ardente de caridade, de amor a Deus e aos homens. Nele se encontra, em medida quase infinita, a caridade derramada pelo Espírito Santo (cf. Rom 5, 5).

Isto significa que quem se aproximar dEla com um coração reto e sincero se sentirá necessariamente impelido para o amor a Deus e ao próximo. Este é o segredo divino da devoção a Maria. Foi de fato para nos facilitar a entrega a esse duplo amor — o mandamento que resume todos os outros — que Deus, em sua misericórdia, quis dar-nos Maria como Mãe.

É por isso que a devoção a Maria, bem vivida, é sempre como um sopro — fecundo, cálido e suave — que acende o amor na alma, inflama a generosidade e move a abraçar sem reservas a vontade de Deus.

«Se procurarmos Maria, encontraremos Jesus», diz Mons. Escrivá, fazendo-se eco da tradição cristã[6]. No fundo de tudo o que a Virgem Santíssima sugere ao coração dos homens, sempre pulsam as suas palavras em Caná: «Fazei tudo o que Ele vos disser». A verdadeira devoção é, por isso, radicalmente «cristocêntrica» — conduz a Cristo —, é «teocêntrica». Nossa

---

(6) Josemaria Escrivá, *É Cristo que passa*, n. 144.

Senhora vive e faz viver *em função de Jesus*. Não pode haver aí nem sombra de «idolatria».

Ao mesmo tempo, é claro que, se Maria nos leva a Jesus, indefectivelmente nos aproxima também dos nossos irmãos, que são irmãos de seu Filho e filhos dEla. Ela é a Mãe comum que nos faz sentir fraternalmente vinculados em Cristo, *membros da família de Deus* (cf. Ef 2, 19), e nos desperta na alma ânsias de doação e de serviço aos outros. O Coração de Maria infunde calor e força ao amor dos irmãos.

Como vemos, se a Virgem Santíssima nos auxilia — e esta é a sua missão maternal —, é única e exclusivamente para nos colocar mais plenamente em face das exigências da nossa vocação cristã. É com este fim que Ela intercede por nós junto de Deus e distribui as graças que o Senhor colocou em suas mãos. Mesmo os favores maternos que Ela nos obtém em pequenas coisas — como em Caná — são incentivos de carinho que nos ajudam a agradecer e a retribuir a Deus as suas bondades. Em qualquer caso, Ela estende a sua mão para nos elevar — suave e fortemente — até à meta da nossa vocação cristã, que é a santidade.

Com razão se pode afirmar, por isso, que o amor de Maria por seus filhos é simultaneamente doce e exigente. «Nossa Senhora, sem deixar de se comportar como Mãe, sabe colocar os seus filhos em face de suas precisas responsabilidades. Aos que dEla se aproximam e contemplam a sua vida, Maria faz sempre o imenso favor de os levar até a Cruz, de os colocar bem diante do exemplo do Filho de Deus. E nesse confronto em que se decide a vida cristã, Maria intercede para que a nossa conduta culmine com uma reconciliação do irmão menor —

tu e eu — com o Filho primogênito do Pai»[7].

A Jesus «se vai» por Maria, e a Jesus «se volta» por Ela, diz *Caminho*[8]. Quando, ao rezar a Ave-Maria, nós lhe pedimos «rogai por nós, pecadores», fazemo-lo com a consciência de que demasiadas vezes nos afastamos de Deus e, como o filho pródigo, precisamos voltar para a casa do Pai.

Maria torna suave, também, e esperançado esse retorno. Não é verdade que, perto da Mãe, nos tornamos a sentir crianças? Despojamo-nos da nossa triste armadura de adultos, forjada pelo orgulho, pela vergonha ou pela decepção. E então o fardo das nossas misérias já não nos esmaga. Com Maria, sentimo-nos crianças reanimadas pela ternura da Mãe, alegres por descobrir que, para um filho pequeno,

---

(7) *Idem*, n. 149.

(8) Josemaria Escrivá, *Caminho*, n. 495.

sempre é possível levantar-se, sempre é possível recomeçar, sempre é hora de esperar. Ela é a porta perpetuamente aberta na Casa do Pai.

A *Estrela da manhã*, a *Estrela do mar*, a nossa Mãe, guia-nos por toda a estrada da vida, passo a passo, na bonança e na tormenta, nos avanços e nas quedas, até alcançarmos o repouso definitivo no coração do Pai. Nunca percamos de vista que «foi Deus quem nos deu Maria: não temos o direito de rejeitá-la, antes pelo contrário, devemos recorrer a Ela com amor e com alegria de filhos»[9].

Há um antigo adágio teológico que diz: *De Maria numquam satis*, isto é, «nunca diremos o bastante de Maria». Nestas páginas, tentamos aproximar-nos do esplendor do mistério de Maria.

---

(9) Josemaria Escrivá, *É Cristo que passa*, n. 142.

Pudemos captar apenas alguns dos seus fulgores. Mas, para alcançarmos uma luz mais plena, devemos imitar a Santíssima Virgem, procurando como Ela «guardar, meditando-as no coração» (cf. Lc 2, 51), todas as coisas que Deus nos quis dizer acerca de Maria. Então compreenderemos cada vez melhor por que a Igreja aplica a Nossa Senhora estas palavras do livro dos Provérbios: *Aquele que me achar encontrará a Vida e alcançará do Senhor a salvação* (Pr 8, 35).

*Direção geral*
Renata Ferlin Sugai

*Direção editorial*
Hugo Langone

*Produção editorial*
Juliana Amato
Gabriela Haeitmann
Ronaldo Vasconcelos

*Capa*
Provazi Design

*Diagramação*
Sérgio Ramalho

ESTE LIVRO ACABOU DE SE IMPRIMIR
A 11 DE JUNHO DE 2025,
EM PAPEL OFFSET 75 g/m$^2$.